名言で磨く平常心

はじめに

誰かのひと言が、すっと心の緊張をほぐしてくれたり、波立った心を鎮めてくれたりすることがあります。言葉が気持ちに寄り添い、次への一歩を軽やかにしてくれるのです。

本書は、古今東西の偉人たちの言葉から、心を落ち着かせ、「平常心」が養えるものを選出しました。どんな時でも揺れ動くことのない心があれば、日々を自分らしく過ごせるようになるでしょう。あなたの不安や焦りが和らぎ、心が穏やかになる言葉とめぐり会えますように。

もくじ

・本書は特に明記していない限り、2019年1月20日現在の情報に基づいています。
・本書の編集にあたり、各種の書籍、資料、ウェブサイト等を参考とさせていただきました。
・出典については可能な限り、表現者名、出典名等を明記しましたが、掲載した書籍以外でも記述され、異なる表現がある場合もあります。
・旧仮名づかいを現代仮名づかいに変更したり、句読点を足したりしているケースもあります。
・作品の一部から抜粋、または途中の一部を省略している場合があります。
・翻訳された名言は、複数の書籍や資料を参考に、表現を分かりやすくしたものがあります。
・肩書きの国名は、当時の国名のままにしたものと、現在の国名に置き換えたものがあります。

第1章

心を整える

悲しめる心よ、
落ち着いて悔ゆるのをやめよ。
雪の後ろには
太陽が照っている。

ヘンリー・ワーズワース・ロングフェロー
（アメリカの詩人）

あなたは何も失っていない

昨日に悔いがあるのなら、今日は空を見上げましょう。あなたが幼いころと何一つ変わらない青空が広がり、ゆったりと白い雲が流れていませんか。昨日と同じようにあなたには今日があり、そして明日もあるのです。

疲れちょると
思案がどうしても滅入る。
よう寝足ると
猛然と自信がわく。

坂本龍馬
（幕末の志士）

心と身体を労わる

お腹がすいたら、ひと手間かけて好きな料理をつくりましょう。とにかく布団にもぐり込みたいのなら、シーツを整えてぐっすり眠りましょう。イライラや緊張で硬くなった全身も、次第にやわらかく解きほぐされていくでしょう。辛く大変な時こそ、なるべく心地よい時間を過ごすのです。そうすれば、翌朝に目覚めた時には、まるで生まれ変わったように気力が満ちているはずです。

確信があるように
振る舞いなさい。
そうすれば、次第に
本物の確信が生まれてくる。

フィンセント・W・ゴッホ
（オランダの画家）

かたちを整える

かたちから入る、というのはとても重要です。何かを始めるために道具をきちんと揃える、大切な人に会う時は清潔にきちんと装う、好きな人だからこそ、くだけすぎず時々は丁寧な言葉を使う。そこに現れるのは、かたちから生まれた、あなたの誠実な心です。適切な言葉や振る舞いは、相手を心地よくさせるだけでなく、あなた自身にも責任感や自信を与えてくれるでしょう。

前途は遠い。そして暗い。
然《しか》し恐れてはならぬ。
恐れない者の前に道は開ける。
行け。勇んで。小さき者よ。

有島武郎
（小説家）

歩き始めれば、うまくいく

よい場所につながる道は、暗くて険しいものです。見通しが悪く、途中でたくさんつまずくかもしれません。しかし、進むうちに目が慣れてきて、歩くスピードも上がることでしょう。明るい場所に行き着いた時、振り返ってみると、そんなに辛い道のりでなかったと思えるかもしれません。前途の険しさに足踏みせず、勇気を出して最初の一歩を踏み出しましょう。

悲しいことや辛いことがあったら、
いつにもまして、笑ってごらん。
悲しいことと辛いことのほうから逃げていくから。

中村天風《てんぷう》（思想家／『君に成功を贈る』）

童心にかえって、笑う

心地よい笑い声は、聞くほうも楽しい気持ちにさせます。子どもたちが笑顔で走り回っている姿は、なんと朗らかに目に映ることでしょう。大人も自由に楽しんで生きていいのです。みな同じ人間なのですから。

埃は土壁に
くっつくかもしれないが
磨かれた大理石には
絶対にくっつかない。

ベンジャミン・フランクリン
（アメリカの政治家／
『弱さに一瞬で打ち勝つ 無敵の言葉』青木仁志）

あなたが呼び寄せている

暗く寂しい顔をしていると、同じように寂しい顔をした人が集まってきます。上を向いて明るく生きると、輝く笑顔の友が現れます。今、あなたの周りにいる人々は、あなたの心の鏡なのです。

溝をば、ずんと飛べ、
危なしと思えば、はまるぞ。

沢庵宗彭《たくあんそうほう》
（臨済宗の僧侶）

油断が足元をすくう

戦国時代の名僧・沢庵は、君主の気持ち一つで戦争が起こり、そこに巻き込まれた民衆が死んでいく現実を前に、殺伐とした世を生きるための多くの言葉を残しました。右の名言は、些細なことに見えても、迷いなく実行しないと思わぬ失敗をまねくことへの警告です。心の暗さがあれば例外なく暗い現実しかつくらないことを、彼は知りぬいていたのです。

世の中は
起きて稼いで寝て食って
あとは死ぬを待つばかりなり

一休宗純
（臨済宗の僧侶）

結局は、みんないっしょ

人生に特別な意味づけをし、他の人と自分は違うと信じている私たちは、個性を追い求めて生きています。しかし、生活の一つひとつをよく見てみると、食べて、寝て、学び、働き、老いて、そして死んでいくことにおいて、誰一人違わず、みな同じなのです。そう思えば、細かなことで個性を主張しては怒ったり、戦ったりしているのが馬鹿みたいに思えてきませんか。

運命はつねに、君のために
よりよき成功を用意してあるものだ。
だから、今日失敗する人は、
明日成功するのである。

ミゲル・デ・セルバンテス
（スペインの作家）

失敗は、成功の種

失敗や過ちを多く経験してこそ、私たちは打たれ強くなり、大きく成長できるのです。失敗をただの苦しみと思わず、むしろ飛躍のための貴重な経験ととらえて進んでいきましょう。

強がりは
コンプレックスの裏返し。
「強く見せる」努力はやめて、
「強くなる」努力をすることだ。

アルフレッド・アドラー
（オーストリア出身の心理学者／
『人生に革命が起きる１００の言葉』小倉広 訳）

本当は、もろい人々

真の強さとは、なんと手に入れがたいものでしょう。人の失敗は優しく許し、何かが起きても取りみだしたり愚痴ったりせず、辛い環境にも耐えて未来へと歩み続ける。そんな強さをみなが得たら、私たちの世界はより光り輝くでしょう。自分を強く見せることに一生懸命で、そのくせ内側は、まるで砂でつくった城のようにもろい。そんな人にはならないように気をつけましょう。

既知の世界から
未知の世界に行かなければ、
人は何も知ることはできない。

クロード・ベルナール
（フランスの生理学者）

成長のための変化

馴染んだ世界から離れるのは、とても勇気がいることです。しかし、同じ場所に踏み留まっていると、その変わらなさに次第に苛立《いらだ》ち始めることもあるでしょう。そんな時は、日常に新しい風を入れましょう。春夏秋冬のように、すべては移り変わるのが自然界の法則。変わっていくことこそ正しい道なのです。ちょっとした変化を日々に取り込むことが、あなた自身の成長につながります。

人間の体は機械と同じ。
きちんと動かすためには
日ごろの手入れが大切である。
少しでも故障したら、必ず修理して
メンテナンスを怠らないことだ。

トーマス・エジソン
（アメリカの発明家）

自分を正しく手入れする

がむしゃらに目標に向かうあまり、かけがえない自分の体を乱暴に扱い、衣食住を疎《おろそ》かにしてはいませんか。栄養のあるものをしっかり食べて、ちゃんと眠る。人間としての基本を整えなければ、大きな目標にも未来の戦いへも挑むことはできないのです。すべての行動の資本となるのは、あなたの体一つだけ。もっと自分自身を大切に扱い、手入れしましょう。

この世に永遠のものはなく、
形あるものは、すべて常に変化していく。

白隠慧鶴《はくいんえかく》（臨済宗中興の祖）

変化こそが、真理

あの小さかった男の子が、あっという間に成人式を迎える。人の成長を見て時間の速さを感じませんか。人も植物もこの地球さえも、刻一刻と移り変わっていきます。変化こそ、本来のありのままの姿なのです。

悩みをゼロにするには、
宇宙でたった一人きりに
なるしかない。

アルフレッド・アドラー
（オーストリア出身の心理学者／
『人生に革命が起きる100の言葉』小倉広 訳）

人を認め、受け入れる

社会で生きるとは、他者と共存するということです。その中で他者と自分の意見が違うことを不快に思い、悩みや苦しみとして抱えてしまえば、他でもないあなた自身が生きづらくなるのです。考えが異なる人に出会ったら、相手の個性をまずは認める努力をしましょう。余分な悩みから心が解放されます。

力強いとは、
相手を倒すことではない。
怒って当然というときに
自制できる力を持っていること。

ムハンマド
（イスラム教の開祖／『ハディース』）

怒りを滅却する

人はなぜ怒るのか、それは心の奥底に「自分を分かってほしい」という望みがあるからです。相手に何かを期待すれば、それを裏切られた時に怒りが生まれます。相手への期待を捨て去りましょう。そして、その人はあなたとは異なる存在だということを学びましょう。他の人に分かってもらえなくても、自分の信じた道を進む強さがあれば、人への怒りなど消えていくのです。

欲深き　人の心と
降る雪は
積もるにつれて　道を失う

高橋泥舟《でいしゅう》
（幕臣）

欲にかられると道を失う

「幕末三舟《さんしゅう》」の一人として知られる高橋泥舟は、神業とまで評された槍の名人であり、その人柄の誠実さにおいても広く人々に慕われました。一突きで相手を倒す力がありながら、泥舟はその力で人を圧することはありませんでした。右の名言は、欲深い心を戒めることの大切さを説いたものです。己を鍛えぬいた真の強き者だった彼の言葉には、大きな説得力があります。

「心の窓」は
いつでもできるだけ
数をたくさんに、
そうしてできるだけ広く
明けておきたいものだ。

寺田寅彦
（物理学者／『破片』）

好き、嫌いで狭めない

自分の感受性や価値観というフィルターで、私たちは目や耳から入ってくる情報を取捨選択しています。しかし、好きなものだけを選んでいては視野が狭くなり、成長は望めません。好奇心の扉を大きく開き、さまざまな知識を吸収しましょう。

よい記憶力は素晴らしいが、忘れる能力はいっそう偉大である。

エルバート・ハバード（アメリカの作家）

過去に足をすくわれない

今、この瞬間に私たちは生きています。すでに終わってしまった出来事に心をとらわれると、新しい可能性も見えづらくなってしまいます。今とこれからの未来だけを見据え、前に進みましょう。

第2章

あるがままを受け入れる

あることができる、
またはできないと
自分が思うのなら、
どちらの考えも、きっと正しい。

ヘンリー・フォード
（アメリカの実業家・フォードモーター社の創業者）

自分を信じて選ぶこと

人は、誤った選択をしたと過去を悔やみがちです。しかし、それが正しいか間違いかは、誰にも分かりません。あなたが心から思ったこと、考えに考え抜いたことであるならば、どんな選択をしても正解なのです。

花はなぜ美しいか
ひとすじの気持ちで
咲いているからだ。

八木重吉
（詩人）

素直でひたむきな心を

花のもつ美しさは、その純粋さにあります。ただありのままに、自分のもつ色で、咲くべき時に精一杯咲く。花にとってはごく当たり前のことでしょうが、日々をいそがしく生きる私たちにとっては、時にとても難しく感じることでもあります。何事にも純粋な心で、素直に、ひたむきに向き合う。そんなまっすぐな気持ちを、いつも心の片隅に置いておきたいものです。

私は、この世を、
めいめいが何か一役ずつ
演じなければならない
舞台だと思っている。

ウィリアム・シェイクスピア
（イギリスの劇作家）

自分という役を演じる

通り過ぎる人たちも、散歩中の犬も、道端の草一本も、すべてに役があります。この世界が生まれてから、ひと時も止まることなく続けられてきた壮大なお芝居の中で、誰もが「私」という役を演じているのです。こう考えてみると、日常の風景が違って見えてきませんか。そして、演じ方を自分で変えられるのが、この舞台の面白いところ。あなたという役を、どうぞ思い切り演じてください。

虫だって光の好きなのと
嫌いなのと二通りあるんだ！
人間だって同じだよ、
皆が皆明るいなんて不自然さ！

フィンセント・W・ゴッホ
（オランダの画家）

自然体でいればいい

地球がこれほど豊かなのは、その多様性にあります。それは動植物だけでなく、人の社会でも言えることです。「明るさ」というのは、多くの人に歓迎されやすい要素でしょう。しかしその一方で、「暗さ」のもつ静けさや落ち着きに、心やすらぐこともあるのです。本来の自分を偽って無理に過ごす必要はありません。いつでも、ありのままの自分でいればいいのです。

かなしみはだれでも
もっているのだ。
わたしばかりではないのだ。
わたしはわたしのかなしみを
こらえていかなきゃならない。

新美南吉
（児童文学作家／『でんでんむしのかなしみ』）

悲しいのは自分だけじゃない

自分の殻に悲しみがいっぱい詰まっていることに気づき、どうしたらいいかと友だちを訪ね歩くでんでんむし。しかし、どの仲間も「わたしの背中にも悲しみはいっぱいです」と答えます。自分の辛さを人に預けることはできませんが、誰もが自分だけの苦しみを抱えていることが分かれば、人にやさしくなれます。みんな同じなのだと思えば、悲しみも薄れていくでしょう。

人生とは
畢竟《ひっきょう》運命の玩具箱《おもちゃばこ》だ。
人間とは
その玩具箱に
投げ込まれた人形だ。

有島武郎
（小説家）

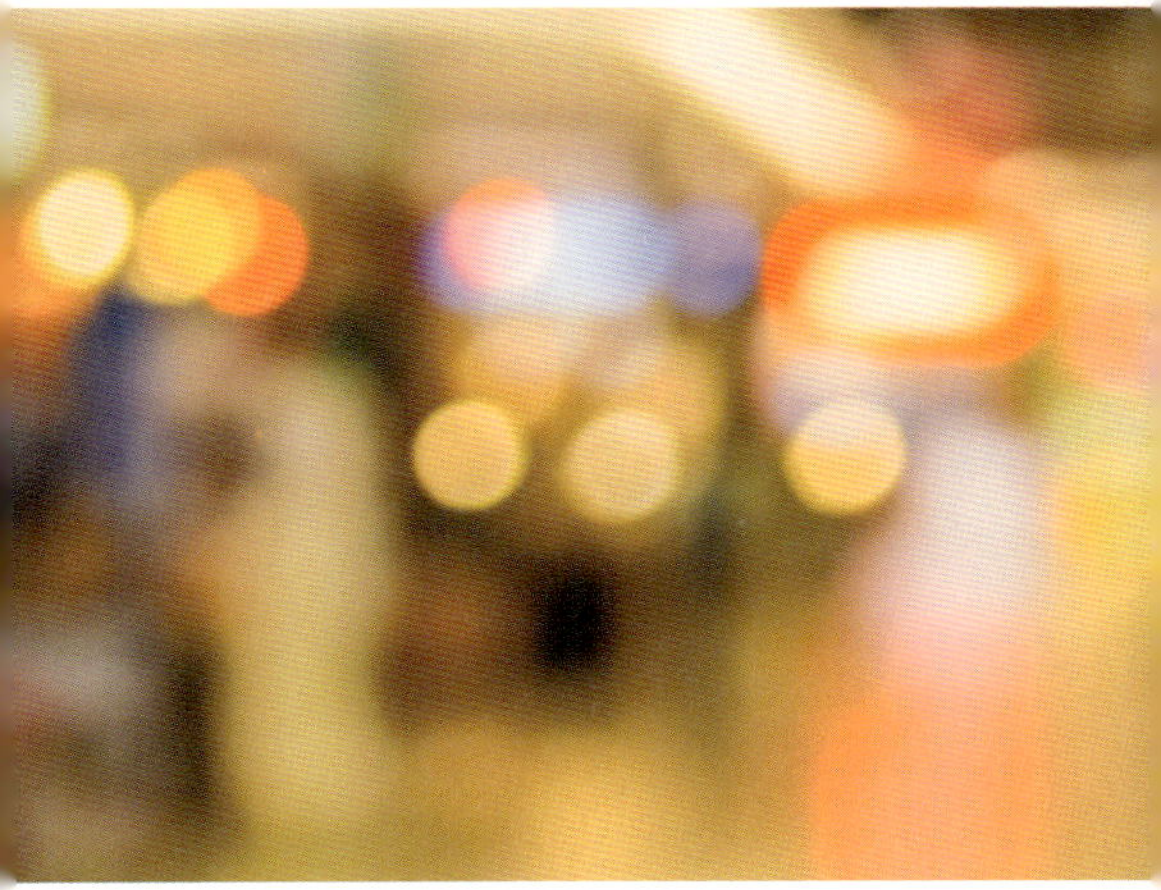

次の一歩をどうするか

人生で予期せぬことが起きると、気まぐれな運命に翻弄されていると感じたり、自分が人形のように無機質に扱われているような気がして、無力さを味わうこともあるかもしれません。しかし、そんな中でも次の一歩をどう踏み出すかは、自分で選ぶことができるのです。

現在1つ持っているほうが、
未来において
2つ持っているより
値打ちがある。

ラ・フォンティーヌ
（フランスの詩人）

手の中にあるものを大切に

先のことを見通すのは重要なことですが、あなたが本当にほしいものを得られるかは、その時が訪れるまで分かりません。しかし、今その手の中にあるものは、どんなに少なかったとしても、あなたのものです。先に集中するあまり、手元が疎かになっては、今あるものすら失くしてしまうかもしれません。まず、そばにあるものを大切にすることから始めてみませんか。

けれども如何しても
如何してももう出来無い時は
落ち着いて笑っていなければならん。
落ち着き給え。

宮沢賢治
（詩人・童話作家）

覚悟を決める

自分の意志や力ではどうにもならないことを受け入れる時、そこにはある種の苦しみや悲しみがあります。右の名言の前には、「人はやるだけのことはやるべきである。」とつづられています。いかに無謀なことであろうと、自分なりに一生懸命に手を尽くす。そうすれば苦渋の決断も、微笑みながら受け入れることができるのかもしれません。

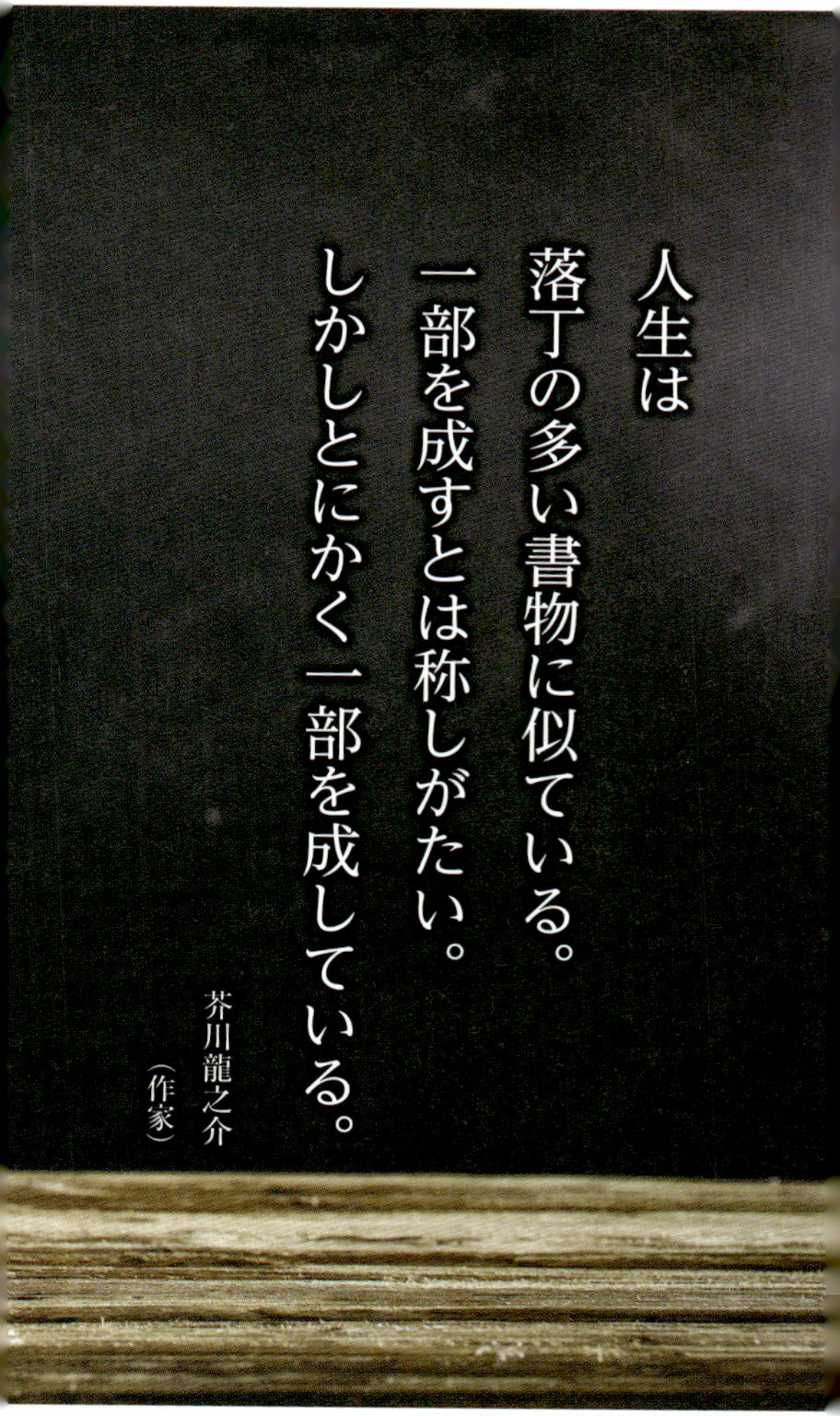

人生は
落丁の多い書物に似ている。
一部を成すとは称しがたい。
しかしとにかく一部を成している。

芥川龍之介
（作家）

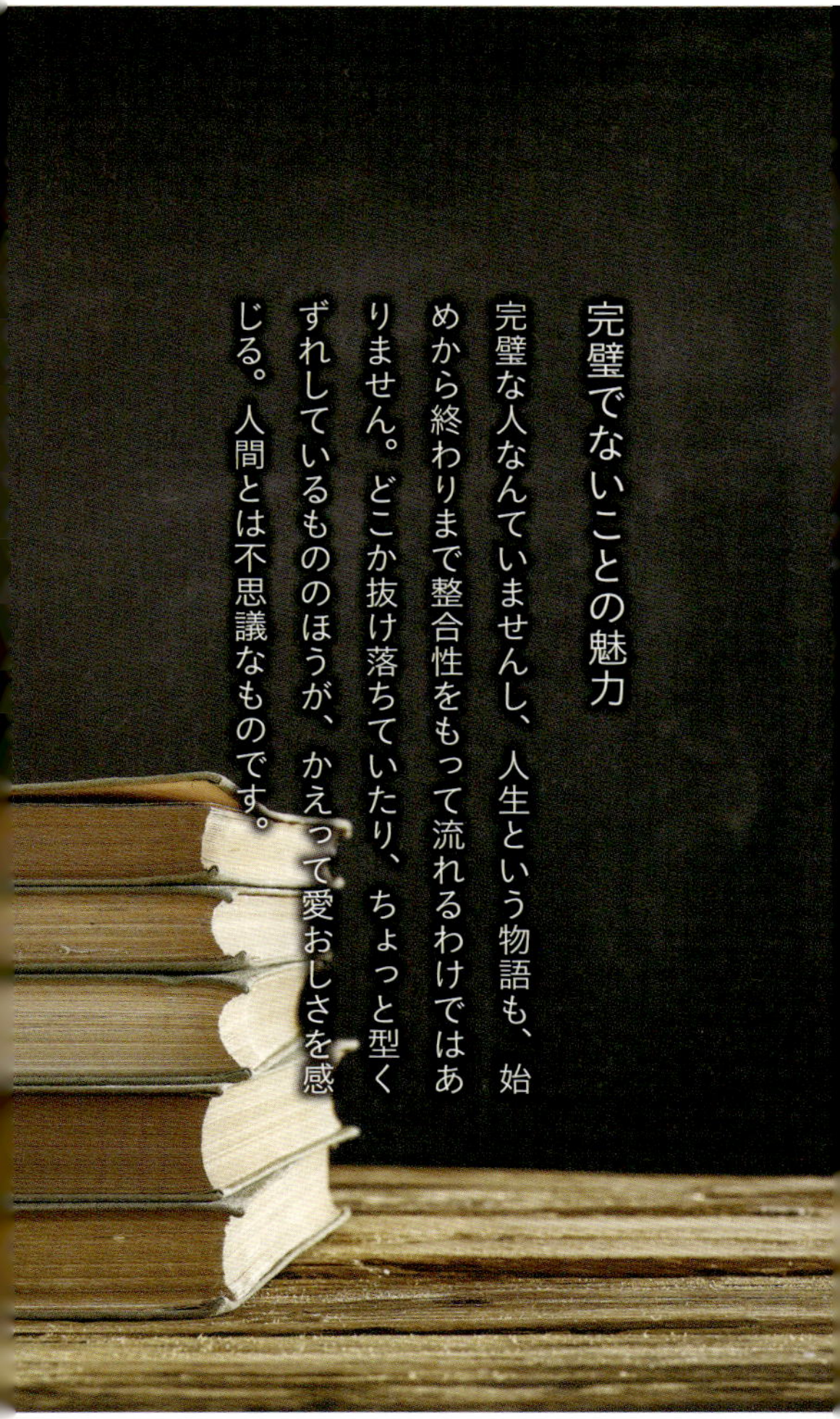

完璧でないことの魅力

完璧な人なんていませんし、人生という物語も、始めから終わりまで整合性をもって流れるわけではありません。どこか抜け落ちていたり、ちょっと型くずれしているもののほうが、かえって愛おしさを感じる。人間とは不思議なものです。

黙っているのが
一番苦しい。
盛んにうめき、盛んに叫び、
盛んに泣くと少し苦痛が減ずる。

正岡子規
（俳人）

苦しみこそ表現する

痛い時に痛いと言えない、辛い時に辛いと言えない、苦しい時に苦しいと言えない。身体や心の叫びに蓋をして我慢することこそが、本当の苦しみなのかもしれません。結核と脊椎カリエスに苦しんだ正岡子規は、34歳で亡くなるまで、病床で自らの病状を記し続けました。声に出し文章に書き、全身全霊で自身の苦しみを表現することで、辛い日々でも生きていくことができたのかもしれません。

時というものは、
それぞれの人間によって、
それぞれの速さで
走るものなのだよ。

ウィリアム・シェイクスピア
（イギリスの劇作家／『お気に召すまま』）

時間の流れ方から生き方を考える

のんびりとした気持ちで人生をじっくりと味わうもよし。何かにひたむきに打ち込み続けて、気がつけばもうこんな歳に、という日々を送るもよし。生き方を形容する言葉に「細く長く」「太く短く」というものがありますが、それは人生の凝縮の度合いによるもの。時間の総量は、そんなに差異はないのかもしれません。あなたは、どんな速さで時を過ごしたいですか？

人の一生は、重き荷を負うて
遠き道をゆくがごとし。
いそぐべからず。
不自由を常とおもへば、不足なし。

徳川家康
（江戸幕府の初代将軍）

うまくいかなくて、当たり前

あなたは、誰かの才能を羨んだり、自分と比較して勝手に落胆したりしていませんか。あの時こうしておけば、より明るい道が開けていたはず、などとうまくいかない現状に焦っていませんか。

人生という道は、平坦なものではありません。うまくいくことのほうが稀なのです。でも、思い通りにいかないからこそ、がんばる力も湧いてくるのです。長い旅ですから、焦らず一歩ずつ進んでいきましょう。

食いたければ食い、寝たければ寝る、怒るときは一生懸命に怒り、泣くときは絶体絶命に泣く。

夏目漱石（小説家／『吾輩は猫である』）

気持ちに蓋をしない

猫は気楽でいいな、と感じることもあるでしょう。それは自分の気持ちや本能に素直に従っているから。私たちも時には我慢をやめ、自分の感情のままに生きてみてもいいかもしれません。

過去を変えることはできないし、
変えようとも思わない。
なぜなら
人生で変えることができるのは、
自分と未来だけだからだ。

野口英世
（医師・細菌学者）

がんばりどころを間違えない

何かに失敗した時、いつまでもそれを悔いていても、すでに出ている結果は変わりません。あなたが今すべきことは、自分と向き合うこと。変わらない過去への未練を潔く断ち切り、次の一手を模索することが大切です。過去に区切りをつけられれば、これからの自分を考えることに専念できます。あなたの未来は、あなたにしか変えられません。

他の富めるをうらやまず、
身の貧しさを嘆かず、
ただ慎《つつし》むは貪欲、
恐るべきは奢《おご》り。

小林一茶
（俳人）

望み と向き合う

お金がある人や豊かな人を見て、「うらやましい」という気持ちは誰でももつもの。しかしそのような気持ちをもち続けていると、欲はどんどんふくらみ、ますます苦しみを抱えることになってしまいます。そんな時は、他人をうらやむ気持ちを一度止めてみましょう。そして、自分が本当は何が欲しくて、何があれば満たされるのかを考えてみるのです。自分の望みが分かれば、果てしない欲に追われることもなくなっていきます。

今さら日数なんて数えて
何になりますか。
人間が幸福を
知り尽くすには、
一日あれば十分ですよ。

ドストエフスキー
（ロシアの小説家／『カラマーゾフの兄弟』）

幸せは身近なところにある

今日という一日を、自分の大好きなもので満たす計画を立ててみましょう。あたたかい毛布、寝起きのコーヒー一杯、気の合う友人と過ごす時間…自分にとっての幸せを突きつめていくと、シンプルなもので十分だと気づくかもしれません。

君たち人間ってのは、
どうせ憐れなものじゃあるが、
ただ1つだけ、こいつはじつに
強力な武器を持っているわけだよね。
つまり、笑いなんだ。

マーク・トウェイン
（アメリカの作家／『不思議な少年』）

失敗を笑い飛ばせ

この先の人生がうまくいくかどうかなんて、神様にしか分かりません。気になることがあるなら、とにかく全力でやってみましょう。たとえ失敗してみじめな思いをしても、笑い飛ばせばいい。それからまた、やり直せばいいのです。

はだかにて　うまれてきたに　何不足

小林一茶（俳人）

無欲に生きる

ブランド物のスーツがほしい、おいしいものが食べたい、立派な家に住みたい…欲張ったらキリがありません。今、生きている。それだけで、私たちは相当な幸せ者なのです。

第3章
一つにとらわれない

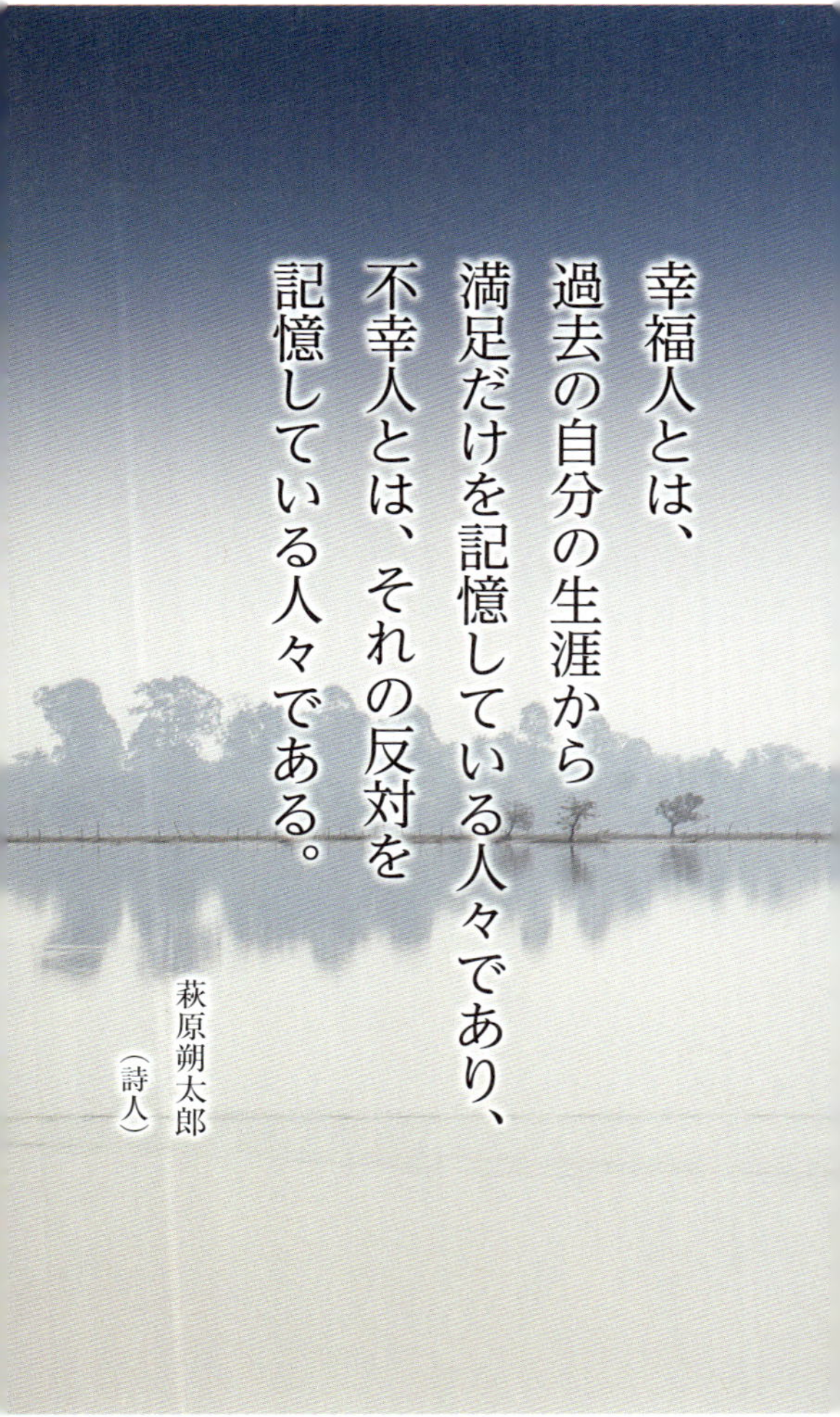

幸福人とは、
過去の自分の生涯から
満足だけを記憶している人々であり、
不幸人とは、それの反対を
記憶している人々である。

萩原朔太郎
（詩人）

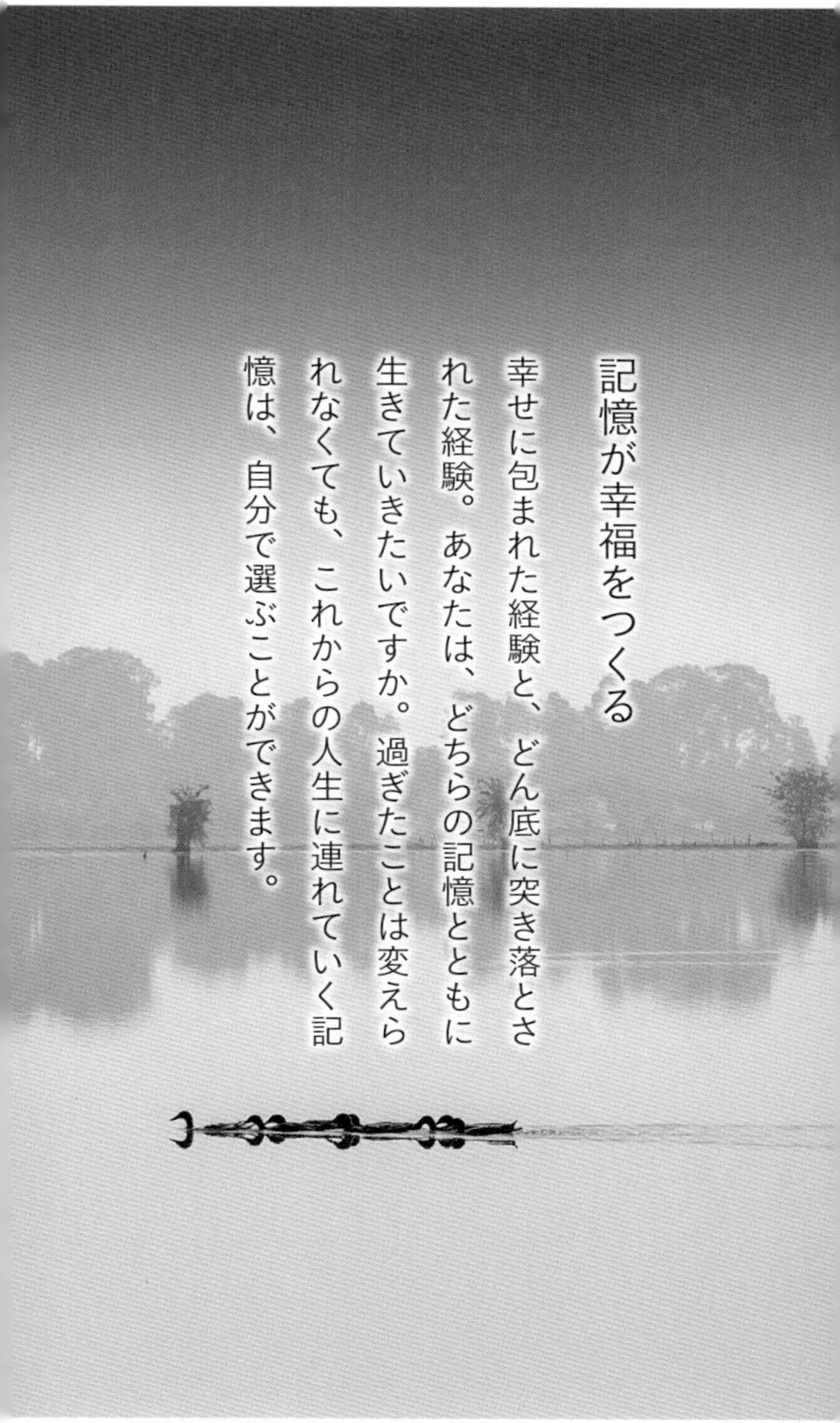

記憶が幸福をつくる

幸せに包まれた経験と、どん底に突き落とされた経験。あなたは、どちらの記憶とともに生きていきたいですか。過ぎたことは変えられなくても、これからの人生に連れていく記憶は、自分で選ぶことができます。

ひとつの扉が閉まるとき、
別の扉が開く。
しかし、閉まった扉をいつまでも
残念そうに見つめているので、
開いている扉が見えないことがよくある。

グラハム・ベル
（スコットランド出身の発明家）

新しい扉の先に

後悔とともに別れた人、達成できなかった目標、負けてしまった試合。私たちは、失ったものや得られなかったものを数えることに時間を費やしがちです。しかし、閉まってしまった扉がある一方で、開いている扉、あなたの訪れを待っている扉もあるはずです。後悔にさいなまれ、新たな可能性を見過ごさないようにしましょう。

味の基本は、「苦い」「甘い」
「酸っぱい」「辛い」「塩辛い」の
五つしかないが、
これを組み合わせると、
いろいろな味を楽しむことができる。

孫武
（中国春秋時代の兵法家）

自在に組み合わせる

世界にはあまたの料理がありますが、味覚で分類すれば、たったの五つ。物事の基本となる要素は、それほど多くありません。しかし、これらを組み合わせることで、どこにもない「味」が生まれます。これは人生においても同じこと。平凡に思われる能力も、組み合わせ次第で唯一無二の魅力となることもあるのです。自分の持ち味をいかし、人生を楽しみましょう。

「やる気がなくなった」のではない。
「やる気をなくす」という決断を自分でしただけだ。
「変われない」のではない。
「変わらない」という決断を自分でしているだけだ。

アルフレッド・アドラー
（オーストリア出身の心理学者／
『人生に革命が起きる１００の言葉』 小倉広 訳）

決めるのはあなた

やる気は、誰かが与えてくれたり、突然消えてなくなったりするものではありません。やる気の根本には、物事を認識し、態度や行動を決めているあなた自身がいます。

変わりたいのに変われない。あなたがもしそう感じているなら、心の根っこのところにある「変わらない」という決断と向き合ってみるのもいいかもしれません。

食べ物というものは、うまいと思って食べれば栄養になる。

幸田露伴（小説家）

嬉々として吸収する

同じ食べ物でも、口にする時の心のありようで、体に与える影響が変わってきます。これは、どんな物事にもあてはまります。物事は、嬉々として取り組んでいる時にいちばん身につくものです。

あめあめ　ふれふれ
かあさんが
じゃのめで　おむかえ
うれしいな
ピッチピッチ
チャップチャップ
ランランラン

北原白秋（詩人／『あめふり』）

雨の楽しみ

晴れの日もあれば、曇りの日も、雨の日もあります。理想の天気でなくたって、楽しみを見つけることはできるはず。心に雨が降っている時は、子どものころに歌ったなつかしい歌を口ずさんでみましょう。

私たちの運命は考え方とともに変わる。
つまり、私たちは
自分が望むことをたえず考えていれば、
なりたいと望むものになり、
したいと望むことをするようになる。

オリソン・マーデン
（アメリカの思想家）

幸運を引き寄せるには

私たちは、自分が考えているように行動します。その行動の積み重ねで、自分らしさがつくられていきます。そして、「運命」のような大きな流れにつながっていくのです。何かを変えたいと思ったら、頭の中を変えてみましょう。こうなりたいという理想を考えていれば、そのゴールに向けての行動を積み重ねることができます。

真の発見の旅とは、
新しい風景を求めることでなく、
新しいものの見方を得ることだ。

マルセル・プルースト
（フランスの小説家／『失われた時を求めて』）

視点一つで景色は変わる

目にしたことのない景色、口にしたことのない料理…旅先では、新しい経験や発見の連続ですが、外からの刺激だけが発見ではありません。ものの見方が変われば、昨日と同じ環境に身を置いていても、毎日が発見の連続となり、彩りに満ちた日々があなたのもとを訪れるでしょう。何気ない日常の中にも、刺激は隠されているのです。

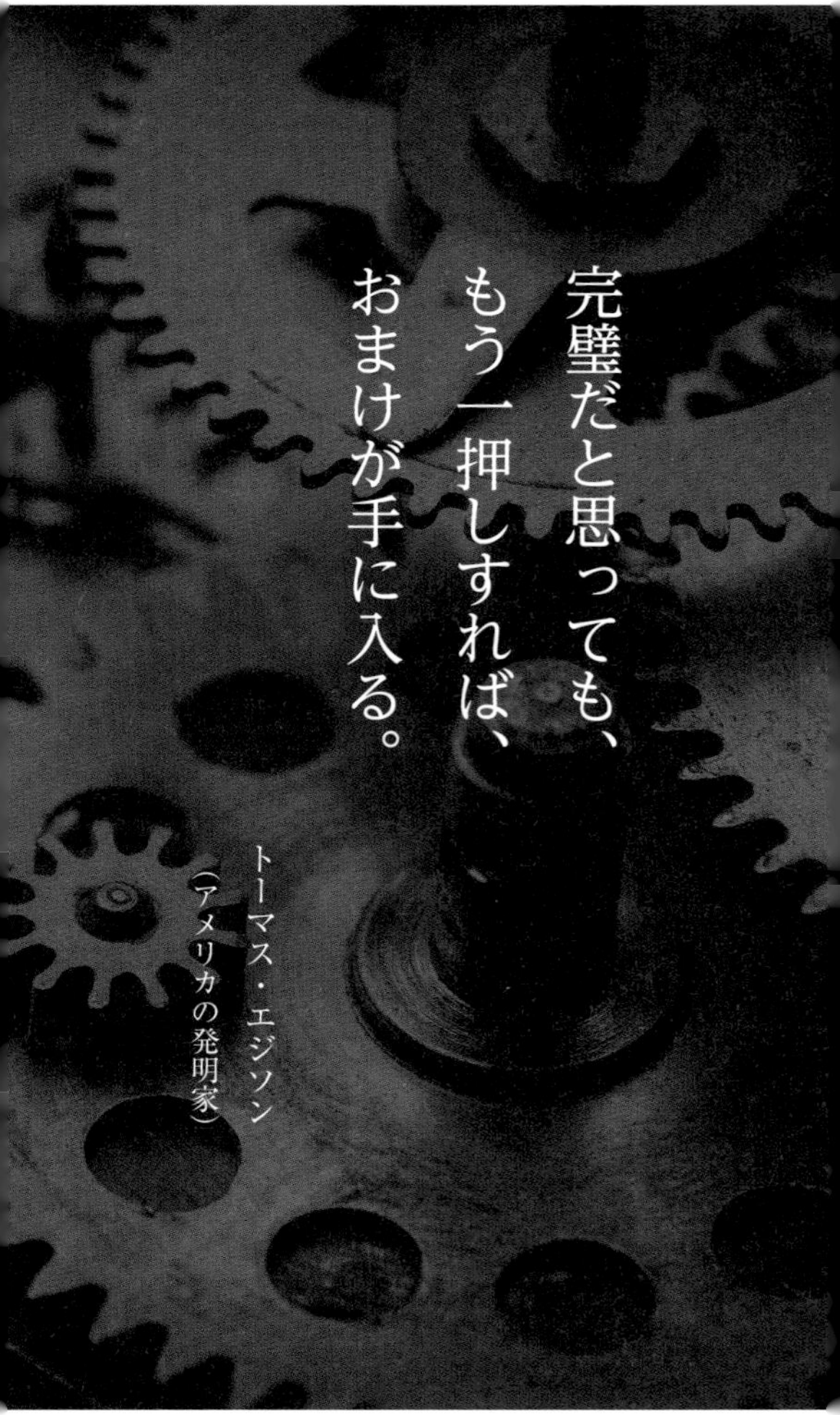

完璧だと思っても、
もう一押しすれば、
おまけが手に入る。

トーマス・エジソン
（アメリカの発明家）

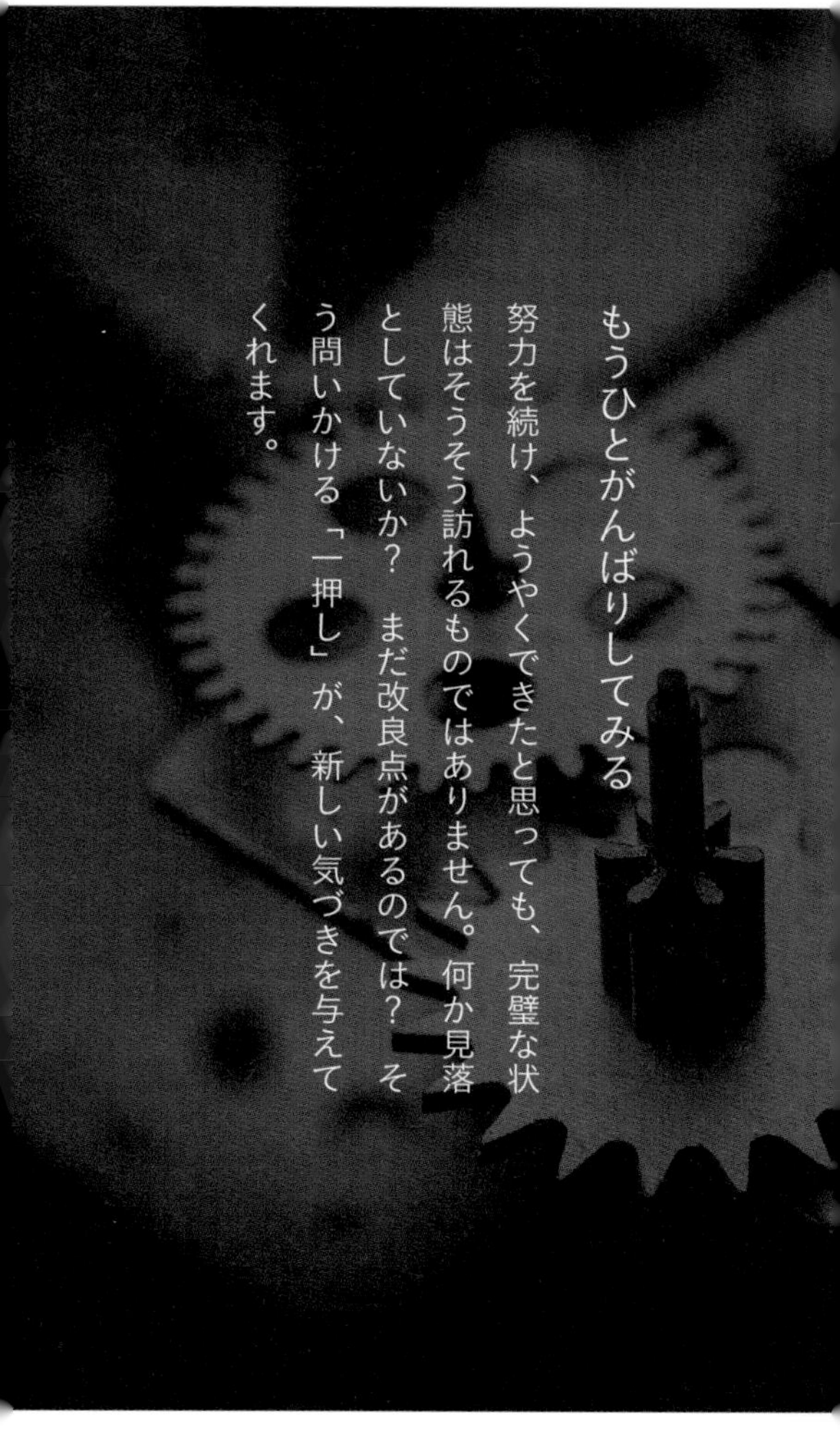

もうひとがんばりしてみる

努力を続け、ようやくできたと思っても、完璧な状態はそうそう訪れるものではありません。何か見落としていないか？　まだ改良点があるのでは？　そう問いかける「一押し」が、新しい気づきを与えてくれます。

「努力のよろこび」というものが
わかりだしたわ。
一生懸命にやって勝つことの
つぎにいいことは、
一生懸命にやって落ちることなのよ。

ルーシー・モンゴメリー
（カナダの小説家／『赤毛のアン』）

勝っても、負けても

「結果がすべて」という言葉があります。厳しい勝負の世界では、言い訳はできません。報われなかったと落胆することもあるでしょう。その一方で、目標に向かう過程で得た喜びや達成感は、結果が悪かったからといって消えてしまうものではありません。一生懸命にやって「落ちた」時でも、努力の喜びは自分の中に残るのです。

信じることには偽りが多く、
疑うことには真理が多い。

福澤諭吉

（啓蒙思想家／『現代語訳 学問のすすめ』齋藤孝 訳）

自分の頭で考える

誰かがそう言っていたからと、根拠のない噂を鵜呑みにしていませんか。信じることには理由が必要です。まずは一度立ち止まり、真偽について自分で考えてみましょう。自分の頭で考え、疑問を掘り下げていくのです。偉大な発見や発明の多くも、こうして生み出されました。

疑って疑って、すべての疑問が晴れた先には、信じることしか残っていないはずです。

不遇というものは、
ナイフのようなものだ。
刃を掴《つか》めば手を切ってしまうが、
把手《とって》を握ればこれほど
生きるのに役に立つものはない。

ハーマン・メルヴィル
（アメリカの作家）

とらえ方で世界が変わる

父の借金による貧しい生活や、捕鯨船での厳しい航海、手がけた小説の不評など、その生涯でさまざまな苦難に遭遇したハーマンの言葉。代表作『白鯨』は正当な評価が得られるまで30年かかりましたが、今では世界の十大小説の一つと称されています。

人生には避けられない不運や逆境があり、心を痛めることもあるでしょう。しかし、そのような状況を経験するからこそ、成長できる部分もあるのです。柔軟な心で物事をとらえ、苦しみを減らしましょう。

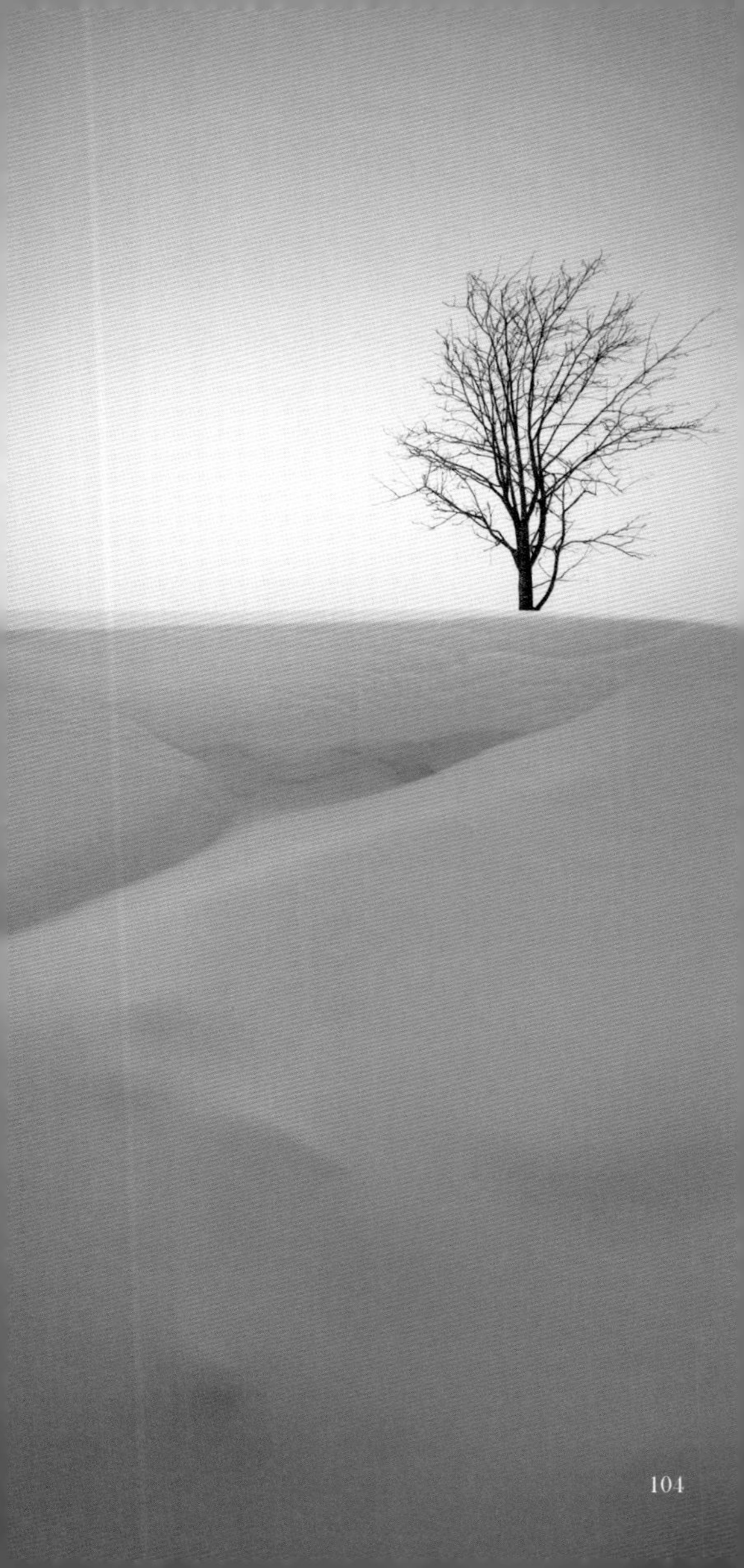

すべての人は世界を変えたいと思っているが、
自分を変えようとは思っていない。

トルストイ（ロシアの作家）

まずは自分から

自分にとって不服な出来事が起きると、他人や環境が悪いと感じるかもしれません。しかし、人や状況を変えることは難しいものです。そんな時は、自分の考え方や視点を変えてみましょう。自分が変わると、周りの見え方も変わります。ざわついた心も、次第に静まってゆくでしょう。

叩かれたからといって、
へこんでしまうことはないわ。
あれだけ叩いて
卵を泡立てても
ケーキはふくらむもの。

メアリ・ジョンストン
（アメリカの作家）

心はいつも、やわらかく

非難や悪口を言われると、誰でも落ち込んでしまうもの。しかし、他人の意見がすべて正しいとは限りませんし、いつまでもくよくよしているのは、もったいないことです。ケーキのように弾力のある心をもって、雑音は跳ね飛ばしてしまいましょう。

「未来」は、いくつもの名前を持っている。
弱き者には「不可能」という名。
卑怯者には「わからない」という名。
そして勇者と哲人には
「理想」という名、である。

ヴィクトル・ユーゴー
（フランスの詩人）

可能性に心を開いて

未来に何が起こるのかは、誰にも分かりません。すべての努力が報われるとは限らず、想定外の出来事に見舞われ、自分の思い通りにならないこともあるでしょう。しかし未来は、まだ決まっていないからこそ、多くの可能性が秘められているものです。心に描く夢を叶えたり、人があっと驚くようなことを実現できるかもしれません。不安や諦めにとらわれず、勇気を出して一歩踏み出してみましょう。そこから、あなたの未来が生まれるのです。

人の言葉は善意に解釈しなさい。
そのほうが五倍も賢い。

ウィリアム・シェイクスピア
（イギリスの劇作家）

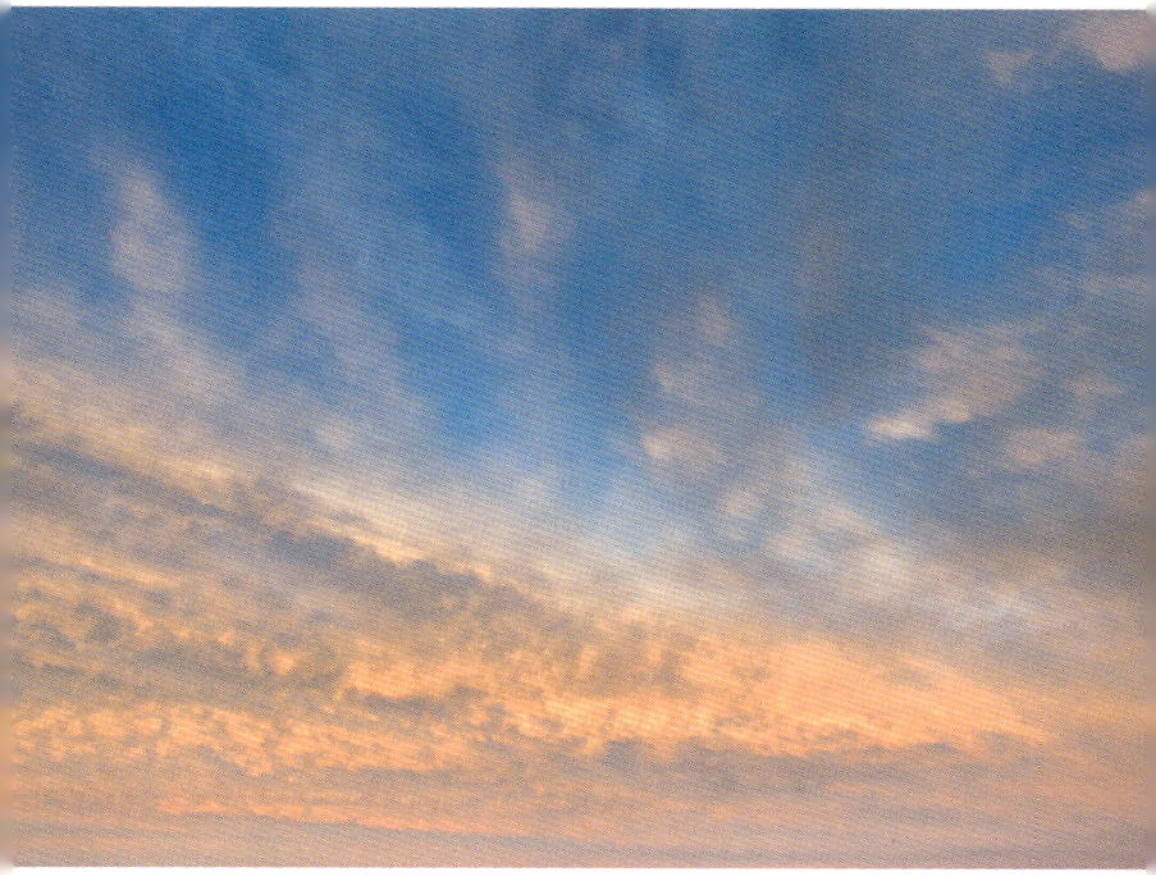

明るい方に目を向ける

「いつも元気だね」と言われた時、「うるさかったのかな…」と気にしてしまえば、元気はしぼみます。一方「いいところを褒められた」と受け取れば、ますます元気が湧いてくるでしょう。人の言葉にどんな意味づけをするかで、心は大きく変わるのです。解釈のしかたは自由ですし、どうせなら善意に受け取ってみませんか。前向きな気持ちが生まれ、自分のよさや魅力が高まるはずです。

雑草とは何か？
それはその美点が
まだ発見されていない
植物である。

ラルフ・ワルド・エマーソン
（アメリカの思想家）

自分だけの魅力を大切に

才能を開花させた人を見て、「自分には何もない」と劣等感やみじめな思いを抱くこともあるでしょう。しかし、その必要はありません。誰にでも、その人にしかない魅力や個性があるのです。周りとの比較をやめ、自分のよさに目を向ければ、焦る気持ちがすっと落ち着きます。

雲の向こう側は、いつも青空だ。

ルイザ・メイ・オルコット（アメリカの小説家／『若草物語』）

心に希望をともして

悩みや難題を抱えていると、心の中に重い雲がかかったように、気持ちが沈んでいきます。でも、どんなに空が曇っていても、雲の向こうにはいつだって明るい太陽が輝いているのです。悩みは、ほんのひと時よぎった雲のようなものだと思い、晴れやかな心で日々を過ごしましょう。

第4章

周りに惑わされない

恐れてはならない。
君の心に響く、
小さな声を信じ給え！

マハトマ・ガンディー
（インドの独立運動家）

正しいと思ったことをやり抜く

新しいことに挑む際は、必ず反対する人々が現れます。しかし、真に正しいと信じることであれば、人の意見に気持ちを左右されてはいけません。自分のやるべきことに集中すれば、おのずと人や結果はついてくるものです。

大事業を仕遂げるくらいの人は、
かえって世間から
悪くいわれるものさ。
おれなども、一時は大悪人とか、
大奸物《だいかんぶつ》とかいわれたっけ。

勝海舟
（幕臣）

叩かれても罵られても

江戸城無血開城に尽力した勝海舟は、旧幕臣たちから「幕府を売った裏切り者」と批判を浴びました。しかし、彼の働きで徳川家の滅亡は回避され、江戸の町は惨禍を免れることができたのです。

決断が大きいほど、多くの批判にさらされますが、それはしかたないことと受け入れましょう。それだけの覚悟があれば、罵声も中傷もそよ風となり、あなたの道のりを阻むこともありません。

己れの立てるところを深く掘れ。
そこには必ず泉あらむ。

高山樗牛《ちょぎゅう》
（思想家）

とにかく続けることの大切さ

自分のやりたいこと、やるべきことが定まったら、頭の中で無難な算段をする前に行動に移しましょう。すぐに結果が出るとも限りません。壁にぶつかることもあるでしょう。けれども、諦めることは選択肢に入れず、続ける努力をすることです。目標に向かって邁進するその姿勢は、周りの仲間、そのまた仲間……と賛同者や協力者を増やしていき、成功への大きな流れを生むことでしょう。

陰口を言われても、嫌われても、
あなたが気にすることはない。
「相手があなたをどう感じるか」は
相手の課題なのだから。

アルフレッド・アドラー
（オーストリア出身の心理学者／
『人生に革命が起きる１００の言葉』小倉広 訳）

否定されることを恐れない

他人にどう思われるかを意識するあまり、自分を曲げていませんか。言いたいことを言わず、やりたいことを我慢するだけの人生は苦痛です。相手の気持ちを推し量るには限界がありますし、それを問いかけても本心を言ってくれる保証はありません。他人の考えは誰にもコントロールできないのですから、気にしてもしかたありません。それより、自分らしく堂々としているのがいちばんです。

自信ある行動は、一種の磁力を有す。

ラルフ・ワルド・エマーソン（アメリカの思想家）

自信は成功のもと

大らかな人柄、堂々とした立ち姿、凛とした雰囲気…そんな「自信ある人」に人は惹かれます。まずは、自分に自信をもちましょう。根拠のない自信でも構いません。あなたの姿を見て多くの人が集まれば、チャンスも増え、成功にもつながる可能性が生まれるでしょう。

「教えていただきたいのですが、
ここからどの道を行けば
いいのですか」
「それは、君がどこへ
行きたいかに大いによるな」

ルイス・キャロル
（イギリスの作家／『不思議の国のアリス』）

道は自分で切り拓く

選択に迷う時は、「何をどうしたいのか」という目的や希望を自分に問いかけましょう。行き先が分からなければ、その間の道案内を誰かに聞くこともできません。何を大切に考え、何には妥協できるのか、それはあなたにしか分からないことなのです。

われわれはみな
真理のために闘っている。
だから孤独なのだ。
さびしいのだ。
しかし、だから強くなれるのだ。

ヘンリック・イプセン
（ノルウェーの劇作家）

孤独を経て、強くなる

世界には、いろんな考えをもった人がいます。そして、それぞれに正義があり、対立する意見もあって、そのどれもが正しいのです。世界中のみんなが、自分と違う…これに愕然とする人がいるかもしれません。自分以外の人と、完全に分かりあえる日はやってこないことになるのですから。一日生きることは、孤独を一つ積み重ねることになります。だから、人は毎日強くなるのでしょう。

僕は二十歳だった。
それがひとの一生で
いちばん美しい年齢だなどと
だれにも言わせまい。

ポール・ニザン
（フランスの作家／
『ポール・ニザン著作集（1）アデン・アラビア』）

いくつになっても輝き続ける

ないものねだりな私たちは、歳をとれば若さがまぶしく映り、若い時には早く大人になりたいと願うもの。ただ、「若い時は随分無茶もしたが、楽しかった」と昔をなつかしむ大人は絶えません。これからやってくる未来に胸を躍らせるよりは、失ってしまった時間への無念さが大きいからでしょう。それでも、いつ会っても「今がいちばん楽しい」と言える自分になれたら、魅力的だと思いませんか。

空はどこに行っても
青いということを知るために、
世界をまわって見る必要はない。

ヨハン・W・v・ゲーテ
（ドイツの作家／『格言と反省』）

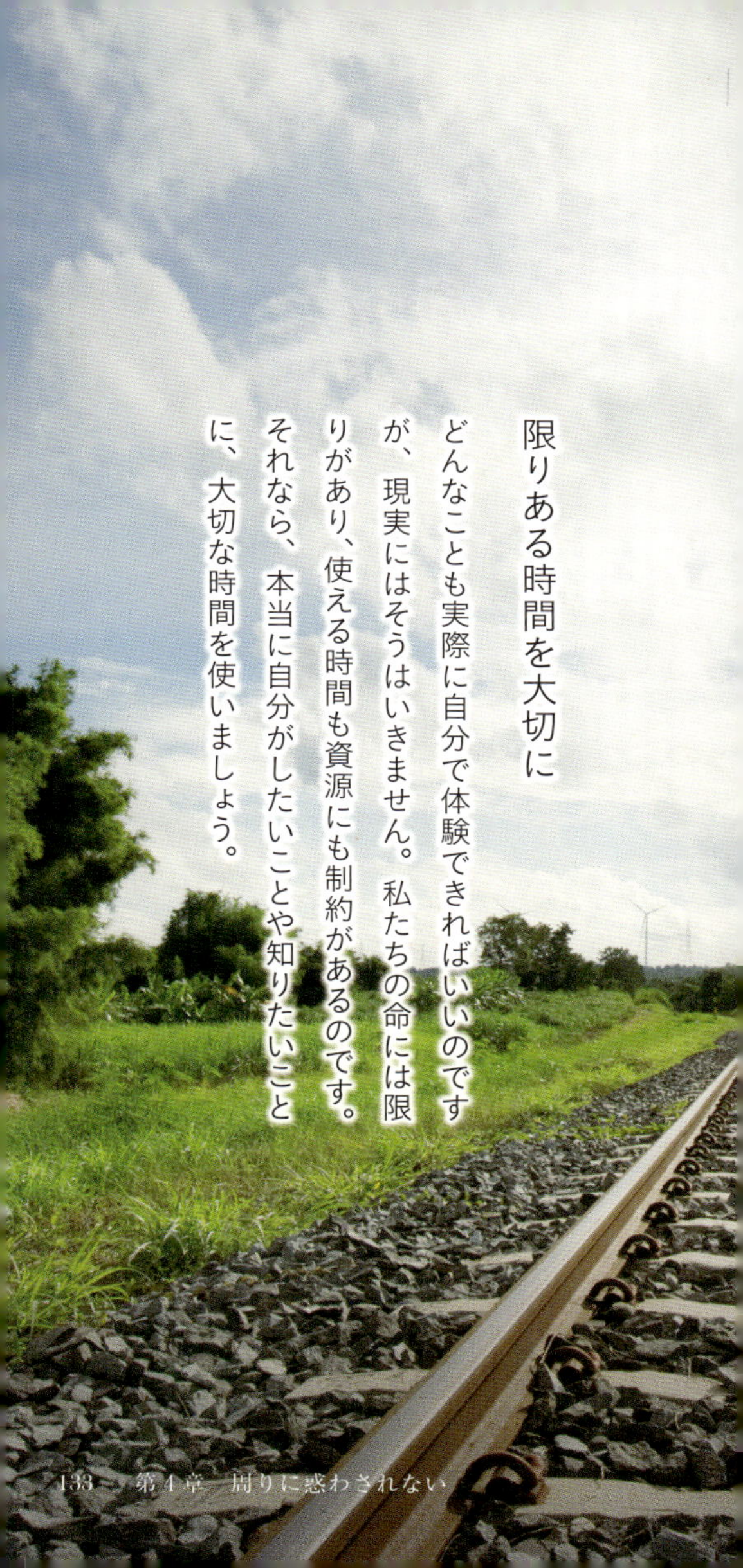

限りある時間を大切に

どんなことも実際に自分で体験できればいいのですが、現実にはそうはいきません。私たちの命には限りがあり、使える時間も資源にも制約があるのです。それなら、本当に自分がしたいことや知りたいことに、大切な時間を使いましょう。

信濃一国は申すまでもなく、
日本の半分をもらっても、
寝返るつもりはない。

真田幸村
（戦国武将）

最期まで思いを貫く

時は大坂の陣。大阪城を攻めあぐねていた徳川家康は、豊臣方の真田幸村に対し、信濃一国を与えることを条件に寝返りをもちかけました。その時に幸村が返した言葉です。幸村は目先の利益に心を動かすことなく、自分が仕える主君への忠義を貫いたのです。その後、戦いに敗れはしたものの、芯の通った幸村の生き方は、今もなお人々を惹きつけています。

かれはかれ、
われはわれでいこうよ。

大久保利通
（薩摩藩士）

あなたらしくあればいい

人と自分を比べて一喜一憂するのは、意味のないことです。なぜなら私たちは、一人ひとりが唯一無二の存在であり、誰しもが自分にしかない良さや強みをもっているのですから。誰かとの比較によって「自分のほうが優れている」と思ったとしても、それは本当の自信にはなりえません。人は人、自分は自分という姿勢をもち、自分の良さを磨いていきましょう。

この無常の世界は、
すべてが空虚で偽りに
満ちている。

親鸞
（浄土真宗の開祖）

溢れる情報に惑わされない

現代では、ちょっと指を動かせば、知りたいことを簡単に調べることができます。しかし、目にしたものがすべて正しいとは限りません。時には間違った情報や偏った意見に惑わされてしまうこともあるでしょう。溢れる情報に足元をすくわれそうになったら、自分の心に戻りましょう。自分が何を大切にし、何を求めているのか、それを見極める心を大切に。

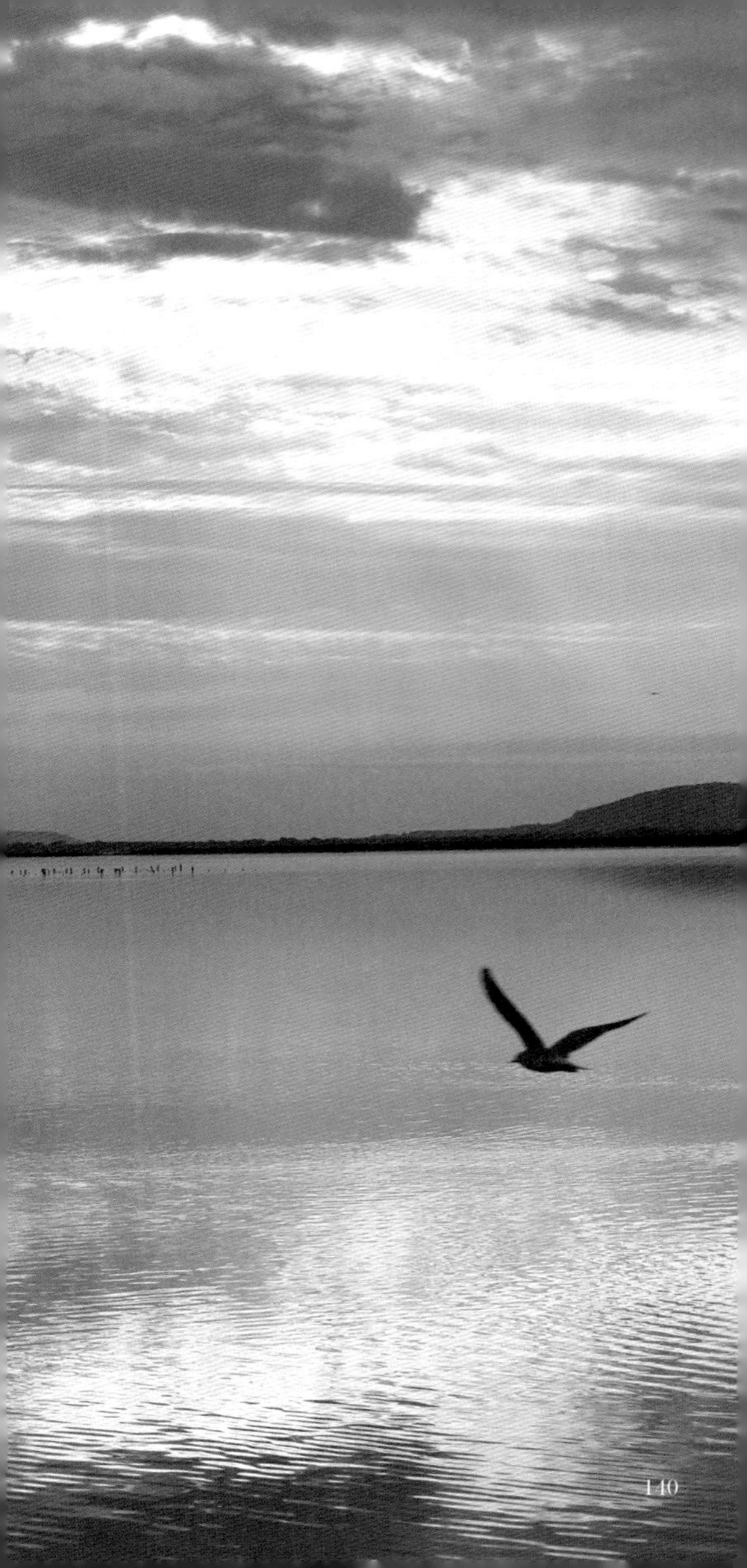

志を立てるためには、人と異なることを恐れてはならない。

吉田松陰（長州藩士）

大きな成果を得るために

周りと同じことをしていたら、誰かが出した成果以上のことは望めません。何か大きな挑戦をしたいと思ったら、まだ誰も実践していないことに飛び込んでいく覚悟をもちましょう。自分を信じていれば、恐怖に揺らぐこともありません。

私は運命の喉首を
締め上げてやる。
決して運命に圧倒されない。

ルートヴィヒ・V・ベートーヴェン
（ドイツの作曲家）

何にも翻弄されない生き方を

自分にはどうしようもできないことがある。そう考えると、諦めの心や無力さが芽生えてしまいます。しかし、どんな時でも私たちにできることはあるはず。思いがけない試練や苦難がふりかかってきても、徹底的に立ち向かってみましょう。その姿勢が、あなたの運命を切り拓くのです。

他人に批判されたくないなら、
何もやらず何も言わなければいい。
しかし、それは
生きていないのと同じではないか。

エルバート・ハバード
（アメリカの作家）

あなたは自由

他人の意見を気にするあまり、自分の言動に制限を設けていませんか。あなたに手枷をかける人はいません、何もしゃべるなと強制する人もいません、足だって思うところに運べるはずです。自らの体に、そう指令を出してしまっているだけだと認識しましょう。

生きている限り、人からの評価を避けて通ることはできません。それなら、周りの声など気にせず、好きに楽しめばいいのです。

われわれは
時代の変化に適応しながらも、
変わらぬ原則を
持ち続けなければならない。

ジミー・カーター
（39代アメリカ大統領）

ぶれない軸をもつ

絶えず変化する時代や社会を生き抜くには、自分の軸をもつことが大切です。判断と行動の基本となる考えや価値観が定まっていない人は、周りの変化に流されてしまいます。一方、自分の軸が定まっている人は、少しくらい流れがうねったり、時には逆行してきても、柔軟に対応することができます。めまぐるしく流れが変化する現代こそ、ぶれない自分の軸を手に入れることが重要です。

人間は自分の人生を描く
画家である。
あなたを作ったのはあなた。
これからの人生を
決めるのもあなた。

アルフレッド・アドラー
（オーストリア出身の心理学者／
『人生に革命が起きる100の言葉』小倉広 訳）

過去も未来も、自分で描く

目の前に、白いキャンバスがあります。大きさはどれくらいでしょう。そこに今、何が描かれていて、これから何を描きますか。どんな色を使いますか。全部あなたが決めてよいのです。そこに何を描くかで、あなたのこれからが変わるのです。

なぜ生きるかを知っている者は、
どのように生きることにも耐える。

フリードリヒ・ニーチェ（ドイツの哲学者）

今、どこに向かっていますか

旅をする時には、目的地を決めてから出発します。目的を定めていれば、雨が降っても、遠くても、険しい道でも、そこにたどり着く努力をします。人生も旅と同じです。まずは、自分なりの生きる目的を考えましょう。

第5章

「いい加減」を取り入れる

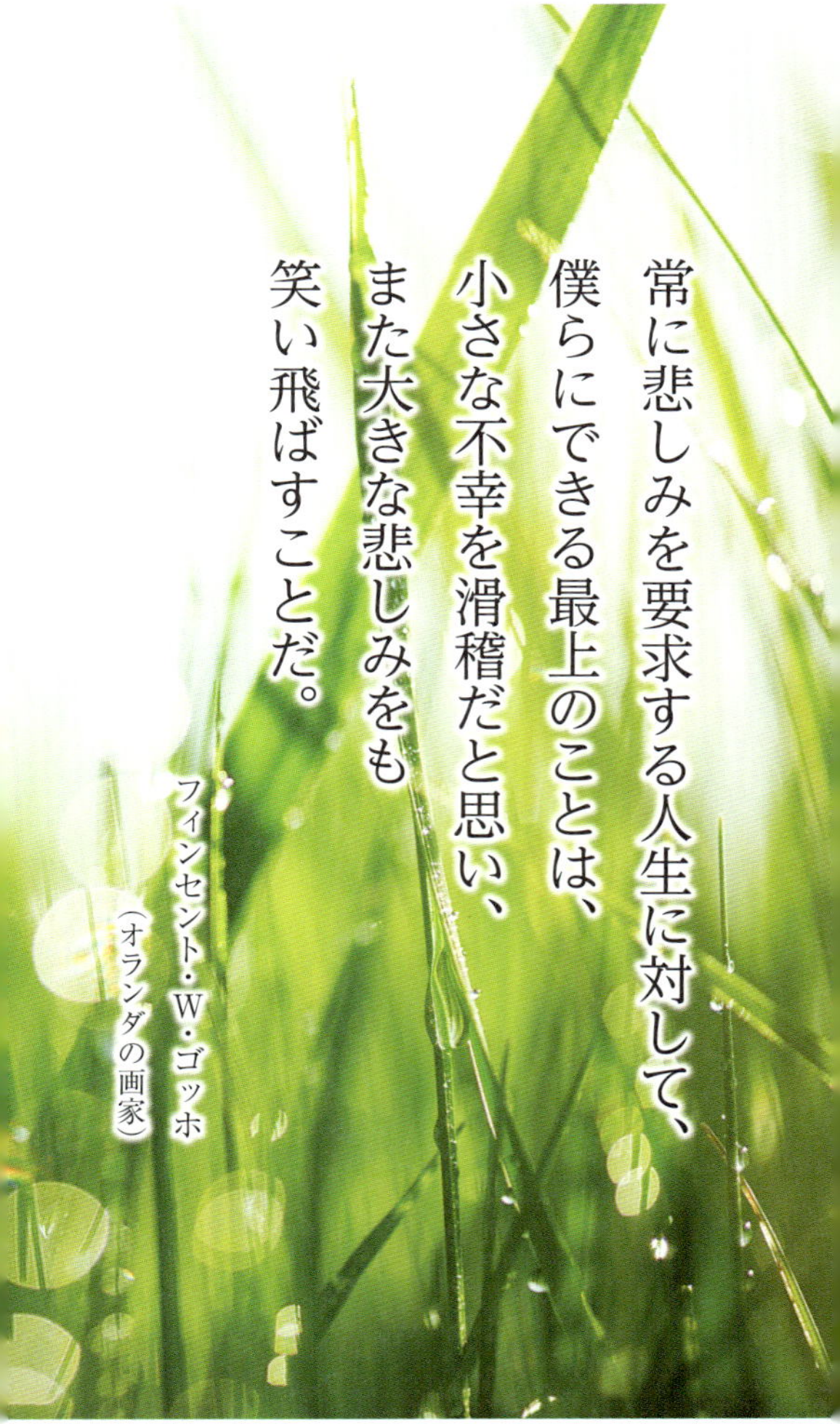

常に悲しみを要求する人生に対して、
僕らにできる最上のことは、
小さな不幸を滑稽だと思い、
また大きな悲しみをも
笑い飛ばすことだ。

フィンセント・W・ゴッホ
（オランダの画家）

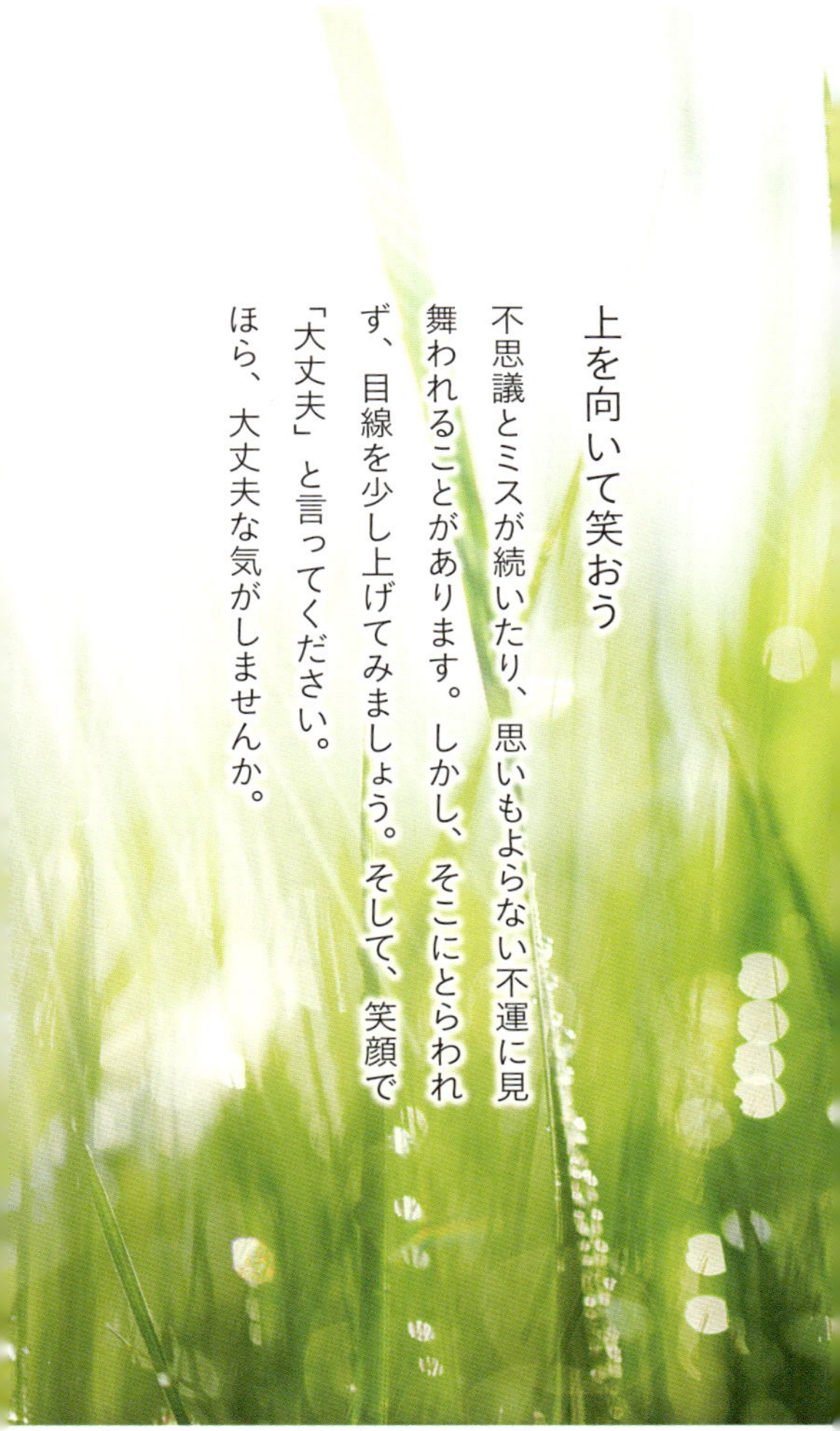

上を向いて笑おう

不思議とミスが続いたり、思いもよらない不運に見舞われることがあります。しかし、そこにとらわれず、目線を少し上げてみましょう。そして、笑顔で「大丈夫」と言ってください。

ほら、大丈夫な気がしませんか。

困苦艱難《こんくかんなん》にあうと、
誰でもここが大切な関門だと思って、
一生懸命になるけれど、これが一番の毒だ。
一生懸命になっては、とても根気が続かん。

勝海舟
（幕臣）

力の抜きどころを見定める

スタートダッシュが得意な人、ラスト10メートルからの粘りが強い人など、いろんなタイプの人がいます。でも、ずっと全力疾走できる人はいません。目標達成には、長期間取り組むことが必要な場合もあります。途中で息切れしないよう、自分の能力を冷静に分析し、力の入れどころと抜きどころを学びましょう。ペース配分を考える余裕をもてば、自分の持ち味をいかしながら、ベストな走りができるはずです。

例えれば、
鍛冶屋が腕を振って
腕が太くなるように、
元気を出し続けると
元気は増して来るものである。

三宅雪嶺
（哲学者／『世の中』）

習慣がもたらす贈り物

毎朝ジョギングを続けると、体力がつきます。毎晩読書を続けると、知識が身につきます。何かを続けて行えば、必ずよい結果となって表れるのです。意識していなくても、これだけ効果があるのですから、意識して「こうなるんだ」と願った時の力は計り知れません。なりたいものになるんだ、と強く意識していくうちに、それは本当になる時がやってくるのです。

失敗に
達人などというものはいない。
誰でもみな
失敗の前には凡人である。

プーシキン
（ロシアの詩人）

失敗は永遠には続かない

多くの人が失敗することを恐れます。しかし、ずっと失敗し続けることなど、誰にもできないのです。失敗すればそこから何かを学び、成長してゆくことができます。すると、同じような失敗は二度としなくなるのです。そのことに気づけば、うまくいかないことが起きても、嘆く必要はありません。それを糧に、次はもっとうまくやろうとすればいいのです。

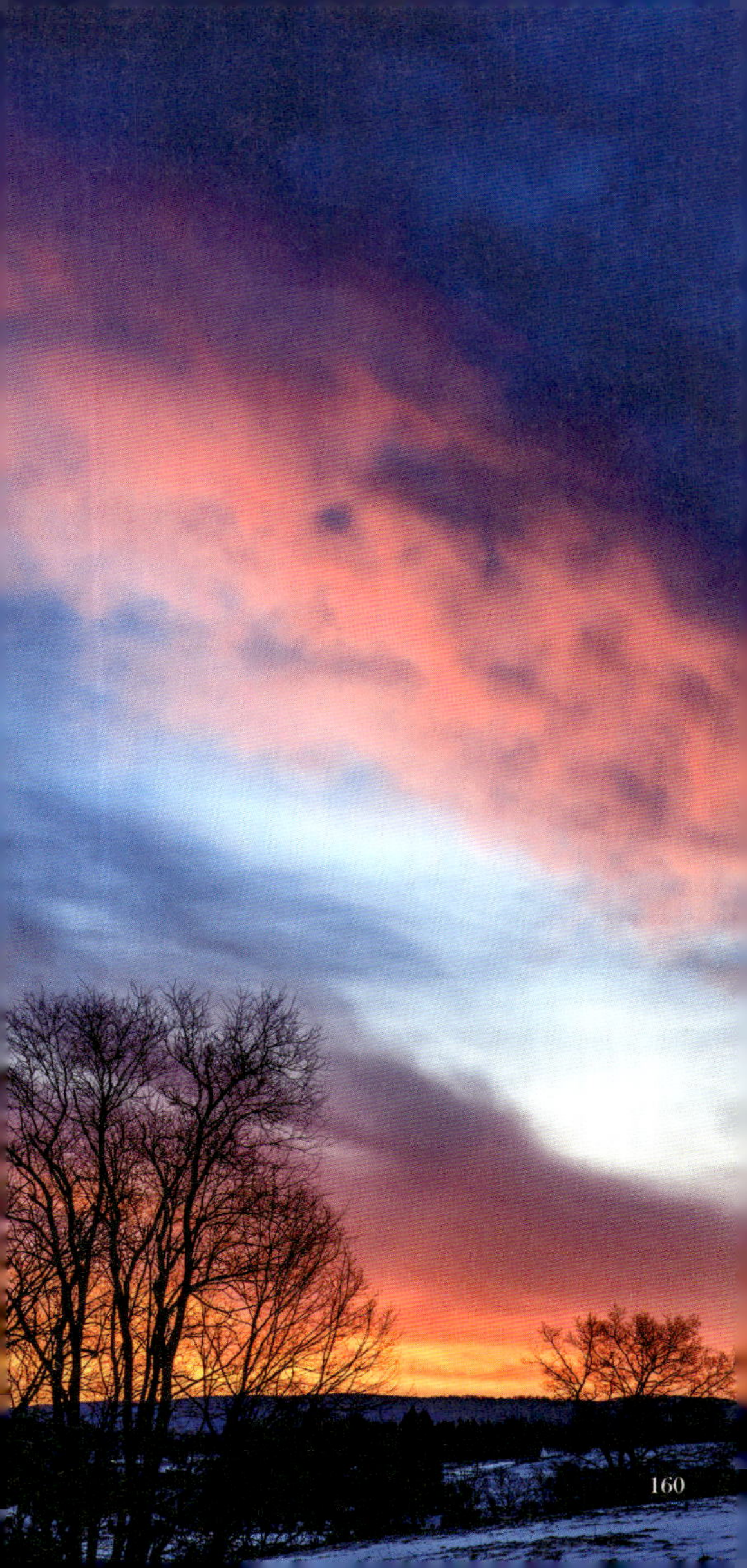

私は賢さからくる無関心よりは、熱中した馬鹿さかげんのほうが好きだ。

アナトール・フランス（フランスの詩人）

時には無邪気に楽しむ

知識が増えると、何でも分かったようなつもりになり、何かに興味をもつことが減ってしまうかもしれません。しかし、そんな冷めた心でいては、新しいことに出会うチャンスも逃がしてしまいます。たまには賢さを捨て、思い切り何かに没頭してみる。それが人生を楽しむ秘訣なのです。

人間追い詰められると
力が出るものだ。
こんなにも俺の人生に
妨害が多いのを見ると、
運命はよほど俺を
大人物に仕立てようと
しているに違いない。

F・シラー（ドイツの詩人）

窮地こそチャンス

人生に現れる困難を乗り越えていくのは、大変なこと。しかし、ピンチの時にこそ、自分の底力が発揮され、大きく成長できるのです。そう思えば、どんな障害もたちまちチャンスに変えることができるでしょう。

あることを真剣に三時間考えて
自分の結論が正しいと思ったら、
三年間かかって考えてみたところで
その結論は変わらない。

フランクリン・ルーズベルト
（32代アメリカ大統領）

必要以上に考えない

物事をどんなに考え尽くしても、完璧な結論が出ることはありません。結果は思考の中にあるのではなく、行動の先にあるからです。今の自分が想像しうる限りの可能性を考え、十分に検討して出した結論ならば、あとはその過程と自分を信じて行動に移しましょう。そこから先は、行動の結果や経験から学び、進んでゆけばいいのです。

人間は
完璧とはいかぬ所が
面白いのだよ。

井上準之助
（政治家）

不完全さを楽しむ

同じ人が二人としていないのと同様に、すべてにおいて完璧な人などいません。世の中が完璧な人ばかりだったとしたら、予想外の出来事は起こらず、淡々と日々が過ぎていくだけでしょう。人はその不完全さゆえに個性に溢れ、一人ひとりの魅力が美しく輝いているのです。完璧でない部分を楽しむことこそが、人生そのものを楽しむことにつながるでしょう。

幸福には翼がある。
つなぎとめておくことは
難しいのだ。

F・シラー
（ドイツの詩人）

幸せはめぐりゆくもの

幸せな時間はずっと続いてほしいものですが、とどめておくことはできません。しかし、幸せは消えたのではありません。ほかの誰かを幸せにするために飛び立ったのです。いつかまた、自分のもとにも訪れるだろうと思えば、心穏やかに待つことができるでしょう。

楽天家とは、
昔も悪かったし今も悪い。
しかし、これ以上は
悪くなるまいと考える人である。

ロシアのことわざ

落ち込めば、あとは浮上するだけ

もうだめだ！　と思う場面がやってくると、心が折れ、最悪な気分になるはずです。しかし、これ以上辛くなることはないだろうと思えば、開き直ることができます。底をついた心は、浮上するしかなくなるのです。

楽天家は、前向きである人とは限りません。最悪な状況を認め、嘆くことで生まれる希望もあるのです。また、「いつでも最悪だよ」と思っておけば、良いことがあった時は飛び上がって喜べるという副産物もあるのです。

とにかくね、
生きているのだからね、
インチキをやっているに
違いないのさ。

太宰治
（小説家／『斜陽』）

ずる賢さも必要

誰にも迷惑をかけず、嘘もつかず、正直に自分らしく生きていくのは理想です。むしろ、「願い」に近いかもしれません。実践できている人は聖人君子と称され、尊敬を得るでしょう。しかし、それを実行に移すのは難しいもの。清廉潔白に憧れをもちながら、状況によっては自分や近しい人たちに有利な判断をすることもあります。でも、これはこれで精一杯生きている姿だと思えるのです。

どんな失敗をしても、
窮地に陥っても、
自分にはいつか
強い運が向いてくるものだと
気楽に構え、前向きに努力した。

高橋是清
（政治家）

前向きに考える

自分の信じた道が、想像していたものと違っていた、ということはままあります。そういう時こそ、遠回りだと思っていたわき道を行ってみる、立ち止まって休憩してみる、またはスタート地点に戻って別の道を探ってみるのもいいですね。

壁にぶつかったら、止まってみましょう。「こうしなければ」という固定観念を頭から外し、「いつかはうまくいくだろう」と思って進めばよいのです。

大丈夫だ、心配するな、なんとかなる

一休宗純（臨済宗の僧侶）

焦らないで、一休み

不安で厳しい場面にいる時ほど、シンプルで無骨な言葉が、心に強く響きます。誰かのくれる、「大丈夫」の一言。この言葉のもたらす安心感に身をゆだねて、とりあえず一休みをしましょう。

きっと生きられますよ。
きっと生きる道は
ありますよ。
どこまで行っても人生には
きっと抜け路《みち》があると
思うのです。

北条民雄
（小説家／『いのちの初夜』）

出口のない迷路はない

どれほど大きな苦難と出くわしても、今、あなたが歩いている道は必ずどこかへつながっているのです。慌てず、焦らず、まずは背をピンと伸ばして、ゆっくり呼吸を整えましょう。肩の力も抜いてください。心と身体が落ち着いたら、さあ、また歩き出しましょう。

君、
弱いことを言ってはいけない。
僕も弱い男だが
弱いなりに死ぬまでやるのである。

夏目漱石

（小説家／『定本 漱石全集 第二十二巻・明治三十九年十月二十一日
森田草平宛書簡』）

弱さを言い訳にしない

弱音を吐くと途端に、その言葉が現実味を帯び、自分は弱いんだと、あなたの脳が思い込んでしまいます。すると、何かに挑戦しようという気持ちや自信が薄れてしまいます。しかし、弱い人には弱い人なりにできることがあるのです。大切なのは「弱さ」を行動しない言い訳にしないこと。自信がなくてもやれることを続ければ、きっと結果がついてくるでしょう。

私がこれまで
思い悩んだことのうち、
98パーセントは
取り越し苦労だった。

マーク・トウェイン
（アメリカの作家）

考えすぎるのをやめる

心配事が大きすぎて夜も眠れない、極度に不安が高まって食事も喉を通らない。そんな時は「もしかしたら…」の後に、うまくいかないことばかりを考え、視野が狭くなっている状態です。しかし、自分にできることをしたら、あとは野となれ山となれ、と悩むことを放棄しても、大事に至ることはそれほどないものです。ほどほどで諦め、あとは結果にゆだねながら生きるのも悪くないはずです。

雨が降ったら降ったでよい。
風が吹いたら吹いたでよい。

一休宗純
（臨済宗の僧侶）

毎日を彩る仕掛け

雨は、なぜ嫌われるのでしょう。

きっと傘をさすのが面倒だとか、歩きにくいとか、そんなわけなのでしょう。

雨の日は、綺麗な傘をもって出かけてはどうでしょう。楽しみが増える方向に考えると、毎日が明るくなります。

毎日少なくとも一回、
何か小さなことを断念しなければ、
毎日はムダに使われ、
翌日もダメになる恐れがある。

フリードリヒ・ニーチェ
（ドイツの哲学者）

明日にもっていくもの

手のひらの大きさがみんな違うように、両手にもてるものの量は人によりけりです。あれこれともっていきたくても、すべてを手に明日へ進める人なんていません。許容を超えた分、手の隙間から滑り落ちていきます。

毎日は、取捨選択の連続です。大事なものが増えていけば、その代わりに何かを置いていかなければいけません。だからこそ、自分にとって何が大切なのかを考えて生きねばならないのでしょう。

世界は君達に
大きく開かれている。
どしどし遠慮なく進むがいい。
大地は広々とつづき、
空は広大無辺に
ひろがっている。

ヨハン・W・v・ゲーテ
（ドイツの作家）

どこまでも行ける

人生は可能性に満ちています。
いつ、どこで、誰に会うか。
何を目的に、どういうことをするか。
自分で自由に決められます。
そしてその分だけ、あなたの人生は豊かになっていくのです。
どこまでも広がる世界、あなたはどこへ行きますか。

[参考文献]

『あなたの潜在能力を引き出す20の原則』ジャック・キャンフィールド、ケント・ヒーリー（ディスカヴァー・トゥエンティワン）
『アルフレッド・アドラー人生に革命が起きる100の言葉』小倉広 訳（ダイヤモンド社）
『運命の言葉』（日本ブックエース）
『革命家100の言葉』山口智司（彩図社）
『必ず出会える！人生を変える言葉2000』（西東社）
『賢人たちに学ぶ 自分を磨く言葉』本田季伸（かんき出版）
『心に火をつける言葉』遠越段（総合法令出版）
『心に刻みたい 賢人の言葉』植西聰（あさ出版）
『仕事観が変わる！ビジネス名言550』（西東社）
『自助論』サミュエル・スマイルズ、竹内均 訳（三笠書房）
『人生の教養が身につく名言集』出口治明（三笠書房）
『人生の指針が見つかる「座右の銘」1300』（宝島社）
『人生の名言1500』（宝島社）
『人生はニャンとかなる！』水野敬也 長沼直樹（文響社）
『人生はもっとニャンとかなる！』水野敬也 長沼直樹（文響社）
『人生を動かす賢者の名言』（池田書店）
『人生を決断する！武将の言葉』（西東社）
『世界の名言100』遠越段（総合法令出版）
『小さなことにクヨクヨしなくなる100の言葉』植西聰（成美堂出版）
『働く大人のための「学び」の教科書』中原淳（かんき出版）
『毎日ポジティブになる！元気が出る言葉366日』（西東社）
『名言名句の辞典』現代言語研究会（あすとろ出版）
『名言名句の辞典』（三省堂）
『名言力 人生を変えるためのすごい言葉』大山くまお（ソフトバンク・クリエイティブ）
『名僧101の名言』植西聰（成美堂出版）
『勇気がもてる運命の言葉』植西聰（成美堂出版）
『弱さに一瞬で打ち勝つ無敵の言葉【超訳】ベンジャミン・フランクリン』青木仁志（ライツ社）

ほか

※上記以外にもさまざまな書籍、雑誌、ホームページなどを参考とさせていただきました。

[写真提供]

artjazz/Shutterstock.com、ball2be/Shutterstock.com、
Here/Shutterstock.com、Ackab Photography/Shutterstock.com、
Mikhail hoboton Popov/Shutterstock.com、
Vadim Petrakov/Shutterstock.com、Varun aditya/Shutterstock.com、
alexmak7/Shutterstock.com、Miguel C F Mesquita/Shutterstock.com、
beerlogoff/Shutterstock.com、Wang LiQiang/Shutterstock.com、
Kichigin/Shutterstock.com、Urvashi-A/Shutterstock.com、
Triff/Shutterstock.com、posteriori/Shutterstock.com、
Iana Alter/Shutterstock.com、BLUR LIFE 1975/Shutterstock.com、
Monkeyoum/Shutterstock.com、S_Photo/Shutterstock.com、
Benz Sorasak/Shutterstock.com、
Chinthana Senanayake/Shutterstock.com、
Maria Raz/Shutterstock.com、CHAINFOTO24/Shutterstock.com、
metha1819/Shutterstock.com、Asian Images/Shutterstock.com、
Alexander Raths/Shutterstock.com、HelloRF Zcool/Shutterstock.com、
debra millet/Shutterstock.com、Shabtay/Shutterstock.com、
nevodka/Shutterstock.com、Photo Kozyr/Shutterstock.com、
beerlogoff/Shutterstock.com、AlexeiLogvinovich/Shutterstock.com、
LeManna/Shutterstock.com、Javier_Rejon/Shutterstock.com、
Smit/Shutterstock.com、Vadym Lavra/Shutterstock.com、
Iakov Kalinin/Shutterstock.com、trabantos/Shutterstock.com、
Kungfu Choojai/Shutterstock.com、Chocosummer/Shutterstock.com、
BOULENGER Xavier/Shutterstock.com、
Roman Vanur/Shutterstock.com、
Vivvi Smak/Shutterstock.com、Sveta Imnadze/Shutterstock.com、
Subbotina Anna/Shutterstock.com、hxdbzxy/Shutterstock.com、
Malachi Jacobs/Shutterstock.com、lovemushroom/Shutterstock.com、
Vadym Lavra/Shutterstock.com、1933bkk/Shutterstock.com、
Africa Studio/Shutterstock.com、DR pics/Shutterstock.com
Krivosheev Vitaly/Shutterstock.com、HelloRF Zcool/Shutterstock.com
Apidon Chaloeypoj/Shutterstock.com、
Cosimia Cray/Shutterstock.com

執筆協力　山崎香織、池田梓
装丁デザイン　宮下ヨシヲ（サイフォングラフィカ）
本文デザイン　渡辺靖子（リベラル社）
編集　山田吉之（リベラル社）
編集人　伊藤光恵（リベラル社）
営業　津田滋春（リベラル社）

編集部　堀友香・上島俊秀・高清水純
営業部　津村卓・廣田修・青木ちはる・榎正樹・澤順二・
大野勝司

名言で磨く　平常心

2019年2月27日　初版

編　集　リベラル社
発行者　隅田　直樹
発行所　株式会社 リベラル社
〒460-0008　名古屋市中区栄3-7-9
新鏡栄ビル8F
TEL 052-261-9101　FAX 052-261-9134
http://liberalsya.com

発　売　株式会社 星雲社
〒112-0005　東京都文京区水道1-3-30
TEL 03-3868-3275

ISBN978-4-434-25613-4